THIS BOOK BELONGS TO:
_____
_____

EMERGENCY CONACT
_____
_____

Copyright © Teresa Rother

All rights reserved. No part of this publication may be reproduced, distributed, or transmitted in any form or by any means, including photocopy, recording, or other electronic or mechanical methods.

DEDICATION

This Hiking Journal is dedicated to all children who want to track their hiking and backpacking experiences in an organized way. Preparing and organizing will help you enjoy your adventure and allow you to keep a record of each trail.

You are my inspiration for producing this book and I'm honored to be a part of your record-keeping and hiking experience.

HOW TO USE THIS BOOK

This Hiking Journal will help guide you by accurately recording each hike.

Here are examples of tracking and prompts for you to fill in and write the details of your experience: hiking trail, location, start time, and much more.

Fill in the following information:

1. Date
2. Trail/Location
3. Start time, End time, Duration
4. Terrain, elevation, distance
5. Gear, food, water
6. Onsite facilities, water availability
7. Companion list
8. Trail condition and weather
9. Phone reception/carrier
10. Rate trail difficulty
11. Overall rating
12. Notes

DATE _____   START TIME _____ END TIME _____
HIKE/TRAIL NAME _____ DURATION _____
LOCATION _____
TERRAIN _____
ELEVATION GAIN/LOSS _____

TRAIL CONDITIONS

WEATHER

GEAR

FOOD/WATER

ONSITE FACILITIES
WATER   YES ○   NO ○

PHONE RECEPTION
YES ○   NO ○

COMPANIONS

DIFFICULTY ☆ ☆ ☆ ☆ ☆ OVERALL RATING ☆ ☆ ☆ ☆ ☆

NOTES

DATE _____ START TIME _____ END TIME _____
HIKE/TRAIL NAME _____ DURATION _____
LOCATION _____
TERRAIN _____
ELEVATION GAIN/LOSS _____

TRAIL CONDITIONS
_____
_____
_____

WEATHER

GEAR

FOOD/WATER

ONSITE FACILITIES
WATER   YES ○   NO ○

PHONE RECEPTION
YES ○   NO ○

COMPANIONS

DIFFICULTY ✯ ✯ ✯ ✯ ✯ OVERALL RATING ✯ ✯ ✯ ✯ ✯

NOTES
_____
_____
_____
_____

DATE _____ START TIME _____ END TIME _____
HIKE/TRAIL NAME _____ DURATION _____
LOCATION _____
TERRAIN _____
ELEVATION GAIN/LOSS _____

TRAIL CONDITIONS
_____
_____
_____

WEATHER

GEAR

FOOD/WATER

ONSITE FACILITIES
WATER   YES ○   NO ○

PHONE RECEPTION
YES ○   NO ○

COMPANIONS

DIFFICULTY ✭ ✭ ✭ ✭ ✭   OVERALL RATING ✭ ✭ ✭ ✭ ✭

NOTES
_____
_____
_____
_____

DATE _____ START TIME _____ END TIME _____
HIKE/TRAIL NAME _____ DURATION _____
LOCATION _____
TERRAIN _____
ELEVATION GAIN/LOSS _____

TRAIL CONDITIONS
_____
_____
_____

WEATHER

GEAR

FOOD/WATER

ONSITE FACILITIES
WATER   YES ○   NO ○

PHONE RECEPTION
YES ○   NO ○

COMPANIONS

DIFFICULTY ☆ ☆ ☆ ☆ ☆ OVERALL RATING ☆ ☆ ☆ ☆ ☆

NOTES
_____
_____
_____
_____

DATE _____ START TIME _____ END TIME _____
HIKE/TRAIL NAME _____ DURATION _____
LOCATION _____
TERRAIN _____
ELEVATION GAIN/LOSS _____

TRAIL CONDITIONS
_____
_____
_____

WEATHER

GEAR

FOOD/WATER

ONSITE FACILITIES
WATER   YES ◯   NO ◯

PHONE RECEPTION
YES ◯   NO ◯

COMPANIONS

DIFFICULTY ☆ ☆ ☆ ☆ ☆ OVERALL RATING ☆ ☆ ☆ ☆ ☆

NOTES
_____
_____
_____
_____

DATE _____ START TIME _____ END TIME _____
HIKE/TRAIL NAME _____ DURATION _____
LOCATION _____
TERRAIN _____
ELEVATION GAIN/LOSS _____

TRAIL CONDITIONS   WEATHER
_____
_____
_____

GEAR   FOOD/WATER

ONSITE FACILITIES   COMPANIONS
WATER   YES ◯   NO ◯

PHONE RECEPTION
YES ◯   NO ◯

DIFFICULTY ✪ ✪ ✪ ✪ ✪ OVERALL RATING ✪ ✪ ✪ ✪ ✪

NOTES
_____
_____
_____
_____

DATE _____ START TIME _____ END TIME _____
HIKE/TRAIL NAME _____ DURATION _____
LOCATION _____
TERRAIN _____
ELEVATION GAIN/LOSS _____

TRAIL CONDITIONS
_____
_____
_____

WEATHER

GEAR

FOOD/WATER

ONSITE FACILITIES
WATER   YES ○   NO ○

PHONE RECEPTION
YES ○   NO ○

COMPANIONS

DIFFICULTY ☆ ☆ ☆ ☆ ☆   OVERALL RATING ☆ ☆ ☆ ☆ ☆

NOTES
_____
_____
_____
_____

DATE _____ START TIME _____ END TIME _____
HIKE/TRAIL NAME _____ DURATION _____
LOCATION _____
TERRAIN _____
ELEVATION GAIN/LOSS _____

TRAIL CONDITIONS
_____
_____
_____

WEATHER

GEAR

FOOD/WATER

ONSITE FACILITIES
WATER   YES ◯   NO ◯

PHONE RECEPTION
YES ◯   NO ◯

COMPANIONS

DIFFICULTY ✪ ✪ ✪ ✪ ✪   OVERALL RATING ✪ ✪ ✪ ✪ ✪

NOTES
_____
_____
_____
_____

DATE _____
HIKE/TRAIL NAME _____
LOCATION _____
TERRAIN _____
ELEVATION GAIN/LOSS _____

START TIME _____ END TIME _____
DURATION _____

TRAIL CONDITIONS
_____
_____
_____

WEATHER

GEAR

FOOD/WATER

ONSITE FACILITIES
WATER   YES ○   NO ○

PHONE RECEPTION
YES ○   NO ○

COMPANIONS

DIFFICULTY ☆ ☆ ☆ ☆ ☆   OVERALL RATING ☆ ☆ ☆ ☆ ☆

NOTES
_____
_____
_____
_____

DATE _____ START TIME _____ END TIME _____
HIKE/TRAIL NAME _____ DURATION _____
LOCATION _____
TERRAIN _____
ELEVATION GAIN/LOSS _____

TRAIL CONDITIONS   WEATHER
_____
_____
_____

GEAR   FOOD/WATER

ONSITE FACILITIES   COMPANIONS
WATER   YES ◯   NO ◯

PHONE RECEPTION
YES ◯   NO ◯

DIFFICULTY ✫ ✫ ✫ ✫ ✫ OVERALL RATING ✫ ✫ ✫ ✫ ✫

NOTES
_____
_____
_____
_____

DATE _____ START TIME _____ END TIME _____
HIKE/TRAIL NAME _____ DURATION _____
LOCATION _____
TERRAIN _____
ELEVATION GAIN/LOSS _____

TRAIL CONDITIONS   WEATHER
_____
_____
_____

GEAR   FOOD/WATER

ONSITE FACILITIES   COMPANIONS
WATER   YES ○   NO ○

PHONE RECEPTION
YES ○   NO ○

DIFFICULTY ✪ ✪ ✪ ✪ ✪ OVERALL RATING ✪ ✪ ✪ ✪ ✪

NOTES
_____
_____
_____
_____

DATE _____ START TIME _____ END TIME _____
HIKE/TRAIL NAME _____ DURATION _____
LOCATION _____
TERRAIN _____
ELEVATION GAIN/LOSS _____

TRAIL CONDITIONS
_____
_____
_____

WEATHER

GEAR

FOOD/WATER

ONSITE FACILITIES
WATER   YES ○   NO ○

PHONE RECEPTION
YES ○   NO ○

COMPANIONS

DIFFICULTY ☆ ☆ ☆ ☆ ☆ OVERALL RATING ☆ ☆ ☆ ☆ ☆

NOTES
_____
_____
_____
_____

DATE _____ START TIME _____ END TIME _____
HIKE/TRAIL NAME _____ DURATION _____
LOCATION _____
TERRAIN _____
ELEVATION GAIN/LOSS _____

TRAIL CONDITIONS
_____
_____
_____

WEATHER

GEAR

FOOD/WATER

ONSITE FACILITIES
WATER   YES ○   NO ○

PHONE RECEPTION
YES ○   NO ○

COMPANIONS

DIFFICULTY ☆ ☆ ☆ ☆ ☆ OVERALL RATING ☆ ☆ ☆ ☆ ☆

NOTES
_____
_____
_____
_____

DATE _____ START TIME _____ END TIME _____
HIKE/TRAIL NAME _____ DURATION _____
LOCATION _____
TERRAIN _____
ELEVATION GAIN/LOSS _____

TRAIL CONDITIONS
_____
_____
_____

WEATHER

GEAR

FOOD/WATER

ONSITE FACILITIES
WATER   YES ○   NO ○

PHONE RECEPTION
YES ○   NO ○

COMPANIONS

DIFFICULTY ✪ ✪ ✪ ✪ ✪ OVERALL RATING ✪ ✪ ✪ ✪ ✪

NOTES
_____
_____
_____
_____

DATE _____ START TIME _____ END TIME _____
HIKE/TRAIL NAME _____ DURATION _____
LOCATION _____
TERRAIN _____
ELEVATION GAIN/LOSS _____

TRAIL CONDITIONS

WEATHER

GEAR

FOOD/WATER

ONSITE FACILITIES
WATER   YES ○   NO ○

PHONE RECEPTION
YES ○   NO ○

COMPANIONS

DIFFICULTY ☆ ☆ ☆ ☆ ☆ OVERALL RATING ☆ ☆ ☆ ☆ ☆

NOTES

DATE _____ START TIME _____ END TIME _____
HIKE/TRAIL NAME _____ DURATION _____
LOCATION _____
TERRAIN _____
ELEVATION GAIN/LOSS _____

TRAIL CONDITIONS   WEATHER
_____
_____
_____

GEAR   FOOD/WATER

ONSITE FACILITIES   COMPANIONS
WATER   YES ○   NO ○

PHONE RECEPTION
YES ○   NO ○

DIFFICULTY ✪ ✪ ✪ ✪ ✪ OVERALL RATING ✪ ✪ ✪ ✪ ✪

NOTES
_____
_____
_____
_____

DATE _____ START TIME _____ END TIME _____
HIKE/TRAIL NAME _____ DURATION _____
LOCATION _____
TERRAIN _____
ELEVATION GAIN/LOSS _____

TRAIL CONDITIONS
_____
_____
_____

WEATHER

GEAR

FOOD/WATER

ONSITE FACILITIES
WATER   YES ○   NO ○

PHONE RECEPTION
YES ○   NO ○

COMPANIONS

DIFFICULTY ☆ ☆ ☆ ☆ ☆ OVERALL RATING ☆ ☆ ☆ ☆ ☆

NOTES
_____
_____
_____
_____

DATE _____ START TIME _____ END TIME _____
HIKE/TRAIL NAME _____ DURATION _____
LOCATION _____
TERRAIN _____
ELEVATION GAIN/LOSS _____

TRAIL CONDITIONS

WEATHER

GEAR

FOOD/WATER

ONSITE FACILITIES
WATER   YES ○   NO ○

PHONE RECEPTION
YES ○   NO ○

COMPANIONS

DIFFICULTY ✭ ✭ ✭ ✭ ✭ OVERALL RATING ✭ ✭ ✭ ✭ ✭

NOTES

DATE _____ START TIME _____ END TIME _____
HIKE/TRAIL NAME _____ DURATION _____
LOCATION _____
TERRAIN _____
ELEVATION GAIN/LOSS _____

TRAIL CONDITIONS | WEATHER
_____
_____
_____

GEAR | FOOD/WATER

ONSITE FACILITIES | COMPANIONS
WATER   YES ○   NO ○

PHONE RECEPTION
YES ○   NO ○

DIFFICULTY ☆ ☆ ☆ ☆ ☆ OVERALL RATING ☆ ☆ ☆ ☆ ☆

NOTES
_____
_____
_____
_____

DATE _____ START TIME _____ END TIME _____
HIKE/TRAIL NAME _____ DURATION _____
LOCATION _____
TERRAIN _____
ELEVATION GAIN/LOSS _____

TRAIL CONDITIONS
_____
_____
_____

WEATHER

GEAR

FOOD/WATER

ONSITE FACILITIES
WATER   YES ○   NO ○

PHONE RECEPTION
YES ○   NO ○

COMPANIONS

DIFFICULTY ☆ ☆ ☆ ☆ ☆   OVERALL RATING ☆ ☆ ☆ ☆ ☆

NOTES
_____
_____
_____
_____

DATE _____ START TIME _____ END TIME _____
HIKE/TRAIL NAME _____ DURATION _____
LOCATION _____
TERRAIN _____
ELEVATION GAIN/LOSS _____

TRAIL CONDITIONS
_____
_____
_____

WEATHER

GEAR

FOOD/WATER

ONSITE FACILITIES
WATER   YES ○   NO ○

PHONE RECEPTION
YES ○   NO ○

COMPANIONS

DIFFICULTY ✪ ✪ ✪ ✪ ✪ OVERALL RATING ✪ ✪ ✪ ✪ ✪

NOTES
_____
_____
_____
_____

DATE _____ START TIME _____ END TIME _____
HIKE/TRAIL NAME _____ DURATION _____
LOCATION _____
TERRAIN _____
ELEVATION GAIN/LOSS _____

TRAIL CONDITIONS   WEATHER

GEAR   FOOD/WATER

ONSITE FACILITIES   COMPANIONS
WATER   YES ○   NO ○

PHONE RECEPTION
YES ○   NO ○

DIFFICULTY ✪ ✪ ✪ ✪ ✪ OVERALL RATING ✪ ✪ ✪ ✪ ✪

NOTES

DATE _____
HIKE/TRAIL NAME _____
LOCATION _____
TERRAIN _____
ELEVATION GAIN/LOSS _____

START TIME _____ END TIME _____
DURATION _____

TRAIL CONDITIONS

_____
_____
_____

WEATHER

GEAR

FOOD/WATER

ONSITE FACILITIES
WATER   YES ○   NO ○

PHONE RECEPTION
YES ○   NO ○

COMPANIONS

DIFFICULTY ☆ ☆ ☆ ☆ ☆ OVERALL RATING ☆ ☆ ☆ ☆ ☆

NOTES

_____
_____
_____
_____

DATE _____ START TIME _____ END TIME _____
HIKE/TRAIL NAME _____ DURATION _____
LOCATION _____
TERRAIN _____
ELEVATION GAIN/LOSS _____

TRAIL CONDITIONS   WEATHER
_____
_____
_____

GEAR   FOOD/WATER

ONSITE FACILITIES   COMPANIONS
WATER   YES ◯ NO ◯

PHONE RECEPTION
YES ◯ NO ◯

DIFFICULTY ✪ ✪ ✪ ✪ ✪ OVERALL RATING ✪ ✪ ✪ ✪ ✪

NOTES
_____
_____
_____
_____

DATE _____ START TIME _____ END TIME _____
HIKE/TRAIL NAME _____ DURATION _____
LOCATION _____
TERRAIN _____
ELEVATION GAIN/LOSS _____

TRAIL CONDITIONS
_____
_____
_____

WEATHER

GEAR

FOOD/WATER

ONSITE FACILITIES
WATER   YES ◯   NO ◯

PHONE RECEPTION
YES ◯   NO ◯

COMPANIONS

DIFFICULTY ✪ ✪ ✪ ✪ ✪ OVERALL RATING ✪ ✪ ✪ ✪ ✪

NOTES
_____
_____
_____
_____

DATE _____ START TIME _____ END TIME _____
HIKE/TRAIL NAME _____ DURATION _____
LOCATION _____
TERRAIN _____
ELEVATION GAIN/LOSS _____

TRAIL CONDITIONS   WEATHER
_____
_____
_____

GEAR   FOOD/WATER

ONSITE FACILITIES   COMPANIONS
WATER   YES ○ NO ○

PHONE RECEPTION
YES ○ NO ○

DIFFICULTY ✭ ✭ ✭ ✭ ✭ OVERALL RATING ✭ ✭ ✭ ✭ ✭

NOTES
_____
_____
_____
_____

DATE _____ START TIME _____ END TIME _____
HIKE/TRAIL NAME _____ DURATION _____
LOCATION _____
TERRAIN _____
ELEVATION GAIN/LOSS _____

TRAIL CONDITIONS

WEATHER

GEAR

FOOD/WATER

ONSITE FACILITIES
WATER   YES ◯   NO ◯

PHONE RECEPTION
YES ◯   NO ◯

COMPANIONS

DIFFICULTY ✪ ✪ ✪ ✪ ✪ OVERALL RATING ✪ ✪ ✪ ✪ ✪

NOTES

DATE _____   START TIME _____ END TIME _____
HIKE/TRAIL NAME _____ DURATION _____
LOCATION _____
TERRAIN _____
ELEVATION GAIN/LOSS _____

TRAIL CONDITIONS
_____
_____
_____

WEATHER

GEAR

FOOD/WATER

ONSITE FACILITIES
WATER   YES ○   NO ○

PHONE RECEPTION
YES ○   NO ○

COMPANIONS

DIFFICULTY ☆ ☆ ☆ ☆ ☆   OVERALL RATING ☆ ☆ ☆ ☆ ☆

NOTES
_____
_____
_____
_____

DATE _____ START TIME _____ END TIME _____
HIKE/TRAIL NAME _____ DURATION _____
LOCATION _____
TERRAIN _____
ELEVATION GAIN/LOSS _____

TRAIL CONDITIONS

_____
_____
_____

WEATHER

GEAR

FOOD/WATER

ONSITE FACILITIES
WATER   YES ○   NO ○

PHONE RECEPTION
YES ○   NO ○

COMPANIONS

DIFFICULTY ☆ ☆ ☆ ☆ ☆   OVERALL RATING ☆ ☆ ☆ ☆ ☆

NOTES

_____
_____
_____
_____

DATE _____ START TIME _____ END TIME _____
HIKE/TRAIL NAME _____ DURATION _____
LOCATION _____
TERRAIN _____
ELEVATION GAIN/LOSS _____

TRAIL CONDITIONS

WEATHER

GEAR

FOOD/WATER

ONSITE FACILITIES
WATER   YES ○   NO ○

PHONE RECEPTION
YES ○   NO ○

COMPANIONS

DIFFICULTY ✪ ✪ ✪ ✪ ✪   OVERALL RATING ✪ ✪ ✪ ✪ ✪

NOTES

DATE _____ START TIME _____ END TIME _____
HIKE/TRAIL NAME _____ DURATION _____
LOCATION _____
TERRAIN _____
ELEVATION GAIN/LOSS _____

TRAIL CONDITIONS

WEATHER

GEAR

FOOD/WATER

ONSITE FACILITIES
WATER   YES ○   NO ○

PHONE RECEPTION
YES ○   NO ○

COMPANIONS

DIFFICULTY ☆ ☆ ☆ ☆ ☆ OVERALL RATING ☆ ☆ ☆ ☆ ☆

NOTES

DATE _____   START TIME _____ END TIME _____
HIKE/TRAIL NAME _____   DURATION _____
LOCATION _____
TERRAIN _____
ELEVATION GAIN/LOSS _____

TRAIL CONDITIONS
_____
_____
_____

WEATHER

GEAR

FOOD/WATER

ONSITE FACILITIES
WATER   YES ◯   NO ◯

PHONE RECEPTION
YES ◯   NO ◯

COMPANIONS

DIFFICULTY ✦ ✦ ✦ ✦ ✦   OVERALL RATING ✦ ✦ ✦ ✦ ✦

NOTES
_____
_____
_____
_____

DATE _____ START TIME _____ END TIME _____
HIKE/TRAIL NAME _____ DURATION _____
LOCATION _____
TERRAIN _____
ELEVATION GAIN/LOSS _____

TRAIL CONDITIONS
_____
_____
_____

WEATHER

GEAR

FOOD/WATER

ONSITE FACILITIES
WATER   YES ○   NO ○

PHONE RECEPTION
YES ○   NO ○

COMPANIONS

DIFFICULTY ✪ ✪ ✪ ✪ ✪ OVERALL RATING ✪ ✪ ✪ ✪ ✪

NOTES
_____
_____
_____
_____

DATE _____ START TIME _____ END TIME _____
HIKE/TRAIL NAME _____ DURATION _____
LOCATION _____
TERRAIN _____
ELEVATION GAIN/LOSS _____

TRAIL CONDITIONS
_____
_____
_____

WEATHER

GEAR

FOOD/WATER

ONSITE FACILITIES
WATER   YES ◯   NO ◯

PHONE RECEPTION
YES ◯   NO ◯

COMPANIONS

DIFFICULTY ☆ ☆ ☆ ☆ ☆ OVERALL RATING ☆ ☆ ☆ ☆ ☆

NOTES
_____
_____
_____
_____

DATE _____
HIKE/TRAIL NAME _____
LOCATION _____
TERRAIN _____
ELEVATION GAIN/LOSS _____

START TIME _____ END TIME _____
DURATION _____

TRAIL CONDITIONS
_____
_____
_____

WEATHER

GEAR

FOOD/WATER

ONSITE FACILITIES
WATER   YES ○   NO ○

PHONE RECEPTION
YES ○   NO ○

COMPANIONS

DIFFICULTY ✪ ✪ ✪ ✪ ✪   OVERALL RATING ✪ ✪ ✪ ✪ ✪

NOTES
_____
_____
_____
_____

DATE _____ START TIME _____ END TIME _____
HIKE/TRAIL NAME _____ DURATION _____
LOCATION _____
TERRAIN _____
ELEVATION GAIN/LOSS _____

TRAIL CONDITIONS   WEATHER
_____
_____
_____

GEAR   FOOD/WATER

ONSITE FACILITIES   COMPANIONS
WATER   YES ○ NO ○

PHONE RECEPTION
YES ○ NO ○

DIFFICULTY ✫ ✫ ✫ ✫ ✫ OVERALL RATING ✫ ✫ ✫ ✫ ✫

NOTES
_____
_____
_____
_____

DATE _____ START TIME _____ END TIME _____
HIKE/TRAIL NAME _____ DURATION _____
LOCATION _____
TERRAIN _____
ELEVATION GAIN/LOSS _____

TRAIL CONDITIONS   WEATHER
_____
_____
_____

GEAR   FOOD/WATER

ONSITE FACILITIES   COMPANIONS
WATER   YES ○ NO ○

PHONE RECEPTION
YES ○ NO ○

DIFFICULTY ☆ ☆ ☆ ☆ ☆ OVERALL RATING ☆ ☆ ☆ ☆ ☆

NOTES
_____
_____
_____
_____

DATE _____ START TIME _____ END TIME _____
HIKE/TRAIL NAME _____ DURATION _____
LOCATION _____
TERRAIN _____
ELEVATION GAIN/LOSS _____

TRAIL CONDITIONS
_____
_____
_____

WEATHER

GEAR

FOOD/WATER

ONSITE FACILITIES
WATER   YES ○   NO ○

PHONE RECEPTION
YES ○   NO ○

COMPANIONS

DIFFICULTY ✫ ✫ ✫ ✫ ✫   OVERALL RATING ✫ ✫ ✫ ✫ ✫

NOTES
_____
_____
_____
_____

DATE _____ START TIME _____ END TIME _____
HIKE/TRAIL NAME _____ DURATION _____
LOCATION _____
TERRAIN _____
ELEVATION GAIN/LOSS _____

TRAIL CONDITIONS
_____
_____
_____

WEATHER

GEAR

FOOD/WATER

ONSITE FACILITIES
WATER   YES ○   NO ○

PHONE RECEPTION
YES ○   NO ○

COMPANIONS

DIFFICULTY ✪ ✪ ✪ ✪ ✪ OVERALL RATING ✪ ✪ ✪ ✪ ✪

NOTES
_____
_____
_____
_____

DATE _____ START TIME _____ END TIME _____
HIKE/TRAIL NAME _____ DURATION _____
LOCATION _____
TERRAIN _____
ELEVATION GAIN/LOSS _____

TRAIL CONDITIONS   WEATHER
_____
_____
_____

GEAR   FOOD/WATER

ONSITE FACILITIES   COMPANIONS
WATER   YES ◯ NO ◯

PHONE RECEPTION
YES ◯ NO ◯

DIFFICULTY ✪ ✪ ✪ ✪ ✪ OVERALL RATING ✪ ✪ ✪ ✪ ✪

NOTES
_____
_____
_____
_____

DATE _____ START TIME _____ END TIME _____
HIKE/TRAIL NAME _____ DURATION _____
LOCATION _____
TERRAIN _____
ELEVATION GAIN/LOSS _____

TRAIL CONDITIONS
_____
_____
_____

WEATHER

GEAR

FOOD/WATER

ONSITE FACILITIES
WATER   YES ○   NO ○

PHONE RECEPTION
YES ○   NO ○

COMPANIONS

DIFFICULTY ☆ ☆ ☆ ☆ ☆ OVERALL RATING ☆ ☆ ☆ ☆ ☆

NOTES
_____
_____
_____
_____

DATE _____ START TIME _____ END TIME _____
HIKE/TRAIL NAME _____ DURATION _____
LOCATION _____
TERRAIN _____
ELEVATION GAIN/LOSS _____

TRAIL CONDITIONS   WEATHER
_____
_____
_____

GEAR   FOOD/WATER

ONSITE FACILITIES   COMPANIONS
WATER   YES ◯   NO ◯

PHONE RECEPTION
YES ◯   NO ◯

DIFFICULTY ✪ ✪ ✪ ✪ ✪ OVERALL RATING ✪ ✪ ✪ ✪ ✪

NOTES
_____
_____
_____
_____

DATE _____ START TIME _____ END TIME _____
HIKE/TRAIL NAME _____ DURATION _____
LOCATION _____
TERRAIN _____
ELEVATION GAIN/LOSS _____

TRAIL CONDITIONS
_____
_____
_____

WEATHER

GEAR

FOOD/WATER

ONSITE FACILITIES
WATER   YES ○   NO ○

PHONE RECEPTION
YES ○   NO ○

COMPANIONS

DIFFICULTY ✰ ✰ ✰ ✰ ✰   OVERALL RATING ✰ ✰ ✰ ✰ ✰

NOTES
_____
_____
_____
_____

DATE _____ START TIME _____ END TIME _____
HIKE/TRAIL NAME _____ DURATION _____
LOCATION _____
TERRAIN _____
ELEVATION GAIN/LOSS _____

TRAIL CONDITIONS
_____
_____
_____

WEATHER

GEAR

FOOD/WATER

ONSITE FACILITIES
WATER   YES ◯   NO ◯

PHONE RECEPTION
YES ◯   NO ◯

COMPANIONS

DIFFICULTY ✪ ✪ ✪ ✪ ✪ OVERALL RATING ✪ ✪ ✪ ✪ ✪

NOTES
_____
_____
_____
_____

DATE _____ START TIME _____ END TIME _____
HIKE/TRAIL NAME _____ DURATION _____
LOCATION _____
TERRAIN _____
ELEVATION GAIN/LOSS _____

TRAIL CONDITIONS
WEATHER

GEAR
FOOD/WATER

ONSITE FACILITIES
WATER   YES ○   NO ○

PHONE RECEPTION
YES ○   NO ○

COMPANIONS

DIFFICULTY ☆ ☆ ☆ ☆ ☆   OVERALL RATING ☆ ☆ ☆ ☆ ☆

NOTES

DATE _____ START TIME _____ END TIME _____
HIKE/TRAIL NAME _____ DURATION _____
LOCATION _____
TERRAIN _____
ELEVATION GAIN/LOSS _____

TRAIL CONDITIONS
_____
_____
_____

WEATHER

GEAR

FOOD/WATER

ONSITE FACILITIES
WATER   YES ◯   NO ◯

PHONE RECEPTION
YES ◯   NO ◯

COMPANIONS

DIFFICULTY ✧ ✧ ✧ ✧ ✧   OVERALL RATING ✧ ✧ ✧ ✧ ✧

NOTES
_____
_____
_____
_____

DATE _____ START TIME _____ END TIME _____
HIKE/TRAIL NAME _____ DURATION _____
LOCATION _____
TERRAIN _____
ELEVATION GAIN/LOSS _____

TRAIL CONDITIONS

WEATHER

GEAR

FOOD/WATER

ONSITE FACILITIES
WATER   YES ◯   NO ◯

PHONE RECEPTION
YES ◯   NO ◯

COMPANIONS

DIFFICULTY ✪ ✪ ✪ ✪ ✪ OVERALL RATING ✪ ✪ ✪ ✪ ✪

NOTES

DATE _____ START TIME _____ END TIME _____
HIKE/TRAIL NAME _____ DURATION _____
LOCATION _____
TERRAIN _____
ELEVATION GAIN/LOSS _____

TRAIL CONDITIONS
_____
_____
_____

WEATHER

GEAR

FOOD/WATER

ONSITE FACILITIES
WATER   YES ◯   NO ◯

PHONE RECEPTION
YES ◯   NO ◯

COMPANIONS

DIFFICULTY ✯ ✯ ✯ ✯ ✯   OVERALL RATING ✯ ✯ ✯ ✯ ✯

NOTES
_____
_____
_____
_____

DATE _____ START TIME _____ END TIME _____
HIKE/TRAIL NAME _____ DURATION _____
LOCATION _____
TERRAIN _____
ELEVATION GAIN/LOSS _____

TRAIL CONDITIONS   WEATHER

GEAR   FOOD/WATER

ONSITE FACILITIES   COMPANIONS
WATER   YES ◯   NO ◯

PHONE RECEPTION
YES ◯   NO ◯

DIFFICULTY ✪ ✪ ✪ ✪ ✪ OVERALL RATING ✪ ✪ ✪ ✪ ✪

NOTES
_____
_____
_____
_____

DATE _____ START TIME _____ END TIME _____
HIKE/TRAIL NAME _____ DURATION _____
LOCATION _____
TERRAIN _____
ELEVATION GAIN/LOSS _____

TRAIL CONDITIONS

WEATHER

GEAR

FOOD/WATER

ONSITE FACILITIES
WATER   YES ◯   NO ◯

PHONE RECEPTION
YES ◯   NO ◯

COMPANIONS

DIFFICULTY ✩ ✩ ✩ ✩ ✩   OVERALL RATING ✩ ✩ ✩ ✩ ✩

NOTES

DATE _____ START TIME _____ END TIME _____
HIKE/TRAIL NAME _____ DURATION _____
LOCATION _____
TERRAIN _____
ELEVATION GAIN/LOSS _____

TRAIL CONDITIONS   WEATHER
_____
_____
_____

GEAR   FOOD/WATER

ONSITE FACILITIES   COMPANIONS
WATER   YES ⃝   NO ⃝

PHONE RECEPTION
YES ⃝   NO ⃝

DIFFICULTY ✪ ✪ ✪ ✪ ✪ OVERALL RATING ✪ ✪ ✪ ✪ ✪

NOTES
_____
_____
_____
_____

DATE _____   START TIME _____ END TIME _____
HIKE/TRAIL NAME _____ DURATION _____
LOCATION _____
TERRAIN _____
ELEVATION GAIN/LOSS _____

TRAIL CONDITIONS   WEATHER
_____
_____
_____

GEAR   FOOD/WATER

ONSITE FACILITIES   COMPANIONS
WATER   YES ◯   NO ◯

PHONE RECEPTION
YES ◯ NO ◯

DIFFICULTY ✰ ✰ ✰ ✰ ✰ OVERALL RATING ✰ ✰ ✰ ✰ ✰

NOTES
_____
_____
_____
_____

DATE _____ START TIME _____ END TIME _____
HIKE/TRAIL NAME _____ DURATION _____
LOCATION _____
TERRAIN _____
ELEVATION GAIN/LOSS _____

TRAIL CONDITIONS

WEATHER

GEAR

FOOD/WATER

ONSITE FACILITIES
WATER   YES ○   NO ○

PHONE RECEPTION
YES ○   NO ○

COMPANIONS

DIFFICULTY ✪ ✪ ✪ ✪ ✪ OVERALL RATING ✪ ✪ ✪ ✪ ✪

NOTES

DATE _____ START TIME _____ END TIME _____
HIKE/TRAIL NAME _____ DURATION _____
LOCATION _____
TERRAIN _____
ELEVATION GAIN/LOSS _____

TRAIL CONDITIONS   WEATHER
_____
_____
_____

GEAR   FOOD/WATER

ONSITE FACILITIES   COMPANIONS
WATER   YES ○   NO ○

PHONE RECEPTION
YES ○   NO ○

DIFFICULTY ✪ ✪ ✪ ✪ ✪ OVERALL RATING ✪ ✪ ✪ ✪ ✪

NOTES
_____
_____
_____
_____

DATE _____ START TIME _____ END TIME _____
HIKE/TRAIL NAME _____ DURATION _____
LOCATION _____
TERRAIN _____
ELEVATION GAIN/LOSS _____

TRAIL CONDITIONS

_____
_____
_____

WEATHER

GEAR

FOOD/WATER

ONSITE FACILITIES
WATER   YES ○   NO ○

PHONE RECEPTION
YES ○   NO ○

COMPANIONS

DIFFICULTY ✶ ✶ ✶ ✶ ✶ OVERALL RATING ✶ ✶ ✶ ✶ ✶

NOTES

_____
_____
_____
_____

DATE _____ START TIME _____ END TIME _____
HIKE/TRAIL NAME _____ DURATION _____
LOCATION _____
TERRAIN _____
ELEVATION GAIN/LOSS _____

TRAIL CONDITIONS
_____
_____
_____

WEATHER

GEAR

FOOD/WATER

ONSITE FACILITIES
WATER   YES ○   NO ○

PHONE RECEPTION
YES ○   NO ○

COMPANIONS

DIFFICULTY ✪ ✪ ✪ ✪ ✪ OVERALL RATING ✪ ✪ ✪ ✪ ✪

NOTES
_____
_____
_____
_____

DATE _____ START TIME _____ END TIME _____
HIKE/TRAIL NAME _____ DURATION _____
LOCATION _____
TERRAIN _____
ELEVATION GAIN/LOSS _____

TRAIL CONDITIONS
_____
_____
_____

WEATHER

GEAR

FOOD/WATER

ONSITE FACILITIES
WATER   YES ○   NO ○

PHONE RECEPTION
YES ○   NO ○

COMPANIONS

DIFFICULTY ✪ ✪ ✪ ✪ ✪ OVERALL RATING ✪ ✪ ✪ ✪ ✪

NOTES
_____
_____
_____
_____

DATE _____ START TIME _____ END TIME _____
HIKE/TRAIL NAME _____ DURATION _____
LOCATION _____
TERRAIN _____
ELEVATION GAIN/LOSS _____

TRAIL CONDITIONS
_____
_____
_____

WEATHER

GEAR

FOOD/WATER

ONSITE FACILITIES
WATER   YES ○   NO ○

PHONE RECEPTION
YES ○   NO ○

COMPANIONS

DIFFICULTY ☆ ☆ ☆ ☆ ☆   OVERALL RATING ☆ ☆ ☆ ☆ ☆

NOTES
_____
_____
_____
_____

DATE _____ START TIME _____ END TIME _____
HIKE/TRAIL NAME _____ DURATION _____
LOCATION _____
TERRAIN _____
ELEVATION GAIN/LOSS _____

TRAIL CONDITIONS

_____
_____
_____

WEATHER

GEAR

FOOD/WATER

ONSITE FACILITIES
WATER   YES ○   NO ○

PHONE RECEPTION
YES ○   NO ○

COMPANIONS

DIFFICULTY ✪ ✪ ✪ ✪ ✪ OVERALL RATING ✪ ✪ ✪ ✪ ✪

NOTES

_____
_____
_____
_____

DATE _____ START TIME _____ END TIME _____
HIKE/TRAIL NAME _____ DURATION _____
LOCATION _____
TERRAIN _____
ELEVATION GAIN/LOSS _____

TRAIL CONDITIONS   WEATHER
_____
_____
_____

GEAR   FOOD/WATER

ONSITE FACILITIES   COMPANIONS
WATER   YES○ NO○

PHONE RECEPTION
YES○ NO○

DIFFICULTY ☆ ☆ ☆ ☆ ☆ OVERALL RATING ☆ ☆ ☆ ☆ ☆

NOTES
_____
_____
_____
_____

DATE _____ START TIME _____ END TIME _____
HIKE/TRAIL NAME _____ DURATION _____
LOCATION _____
TERRAIN _____
ELEVATION GAIN/LOSS _____

TRAIL CONDITIONS   WEATHER
_____
_____
_____

GEAR   FOOD/WATER

ONSITE FACILITIES   COMPANIONS
WATER   YES ◯   NO ◯

PHONE RECEPTION
YES ◯   NO ◯

DIFFICULTY ✪ ✪ ✪ ✪ ✪ OVERALL RATING ✪ ✪ ✪ ✪ ✪

NOTES
_____
_____
_____
_____

DATE _____ START TIME _____ END TIME _____
HIKE/TRAIL NAME _____ DURATION _____
LOCATION _____
TERRAIN _____
ELEVATION GAIN/LOSS _____

TRAIL CONDITIONS

WEATHER

GEAR

FOOD/WATER

ONSITE FACILITIES
WATER   YES ○   NO ○

PHONE RECEPTION
YES ○   NO ○

COMPANIONS

DIFFICULTY ☆ ☆ ☆ ☆ ☆ OVERALL RATING ☆ ☆ ☆ ☆ ☆

NOTES

DATE _____ START TIME _____ END TIME _____
HIKE/TRAIL NAME _____ DURATION _____
LOCATION _____
TERRAIN _____
ELEVATION GAIN/LOSS _____

TRAIL CONDITIONS
_____
_____
_____

WEATHER

GEAR

FOOD/WATER

ONSITE FACILITIES
WATER   YES ○   NO ○

PHONE RECEPTION
YES ○   NO ○

COMPANIONS

DIFFICULTY ✪ ✪ ✪ ✪ ✪   OVERALL RATING ✪ ✪ ✪ ✪ ✪

NOTES
_____
_____
_____
_____

DATE _____ START TIME _____ END TIME _____
HIKE/TRAIL NAME _____ DURATION _____
LOCATION _____
TERRAIN _____
ELEVATION GAIN/LOSS _____

TRAIL CONDITIONS   WEATHER
_____
_____
_____

GEAR   FOOD/WATER

ONSITE FACILITIES   COMPANIONS
WATER   YES ○   NO ○

PHONE RECEPTION
YES ○   NO ○

DIFFICULTY ☆ ☆ ☆ ☆ ☆ OVERALL RATING ☆ ☆ ☆ ☆ ☆

NOTES
_____
_____
_____
_____

DATE _____   START TIME _____ END TIME _____
HIKE/TRAIL NAME _____ DURATION _____
LOCATION _____
TERRAIN _____
ELEVATION GAIN/LOSS _____

TRAIL CONDITIONS
_____
_____
_____

WEATHER

GEAR

FOOD/WATER

ONSITE FACILITIES
WATER   YES ◯   NO ◯

PHONE RECEPTION
YES ◯   NO ◯

COMPANIONS

DIFFICULTY ✬ ✬ ✬ ✬ ✬ OVERALL RATING ✬ ✬ ✬ ✬ ✬

NOTES
_____
_____
_____
_____

DATE _____ START TIME _____ END TIME _____
HIKE/TRAIL NAME _____ DURATION _____
LOCATION _____
TERRAIN _____
ELEVATION GAIN/LOSS _____

TRAIL CONDITIONS   WEATHER
_____
_____
_____

GEAR   FOOD/WATER

ONSITE FACILITIES   COMPANIONS
WATER   YES ○   NO ○

PHONE RECEPTION
YES ○   NO ○

DIFFICULTY ✩ ✩ ✩ ✩ ✩ OVERALL RATING ✩ ✩ ✩ ✩ ✩

NOTES
_____
_____
_____
_____

DATE _____ START TIME _____ END TIME _____
HIKE/TRAIL NAME _____ DURATION _____
LOCATION _____
TERRAIN _____
ELEVATION GAIN/LOSS _____

TRAIL CONDITIONS   WEATHER
_____
_____
_____

GEAR   FOOD/WATER

ONSITE FACILITIES   COMPANIONS
WATER   YES ○   NO ○

PHONE RECEPTION
YES ○   NO ○

DIFFICULTY ☆ ☆ ☆ ☆ ☆ OVERALL RATING ☆ ☆ ☆ ☆ ☆

NOTES
_____
_____
_____
_____

DATE _____ START TIME _____ END TIME _____
HIKE/TRAIL NAME _____ DURATION _____
LOCATION _____
TERRAIN _____
ELEVATION GAIN/LOSS _____

TRAIL CONDITIONS   WEATHER
_____
_____
_____

GEAR   FOOD/WATER

ONSITE FACILITIES   COMPANIONS
WATER   YES ○   NO ○

PHONE RECEPTION
YES ○   NO ○

DIFFICULTY ✯ ✯ ✯ ✯ ✯ OVERALL RATING ✯ ✯ ✯ ✯ ✯

NOTES
_____
_____
_____
_____

| DATE _____ | START TIME _____ END TIME _____ |
| HIKE/TRAIL NAME _____ | DURATION _____ |

LOCATION _____
TERRAIN _____
ELEVATION GAIN/LOSS _____

TRAIL CONDITIONS

_____
_____
_____

WEATHER

GEAR

FOOD/WATER

ONSITE FACILITIES
WATER   YES ○   NO ○

PHONE RECEPTION
YES ○   NO ○

COMPANIONS

DIFFICULTY ✩ ✩ ✩ ✩ ✩ OVERALL RATING ✩ ✩ ✩ ✩ ✩

NOTES

_____
_____
_____
_____

DATE _____ START TIME _____ END TIME _____
HIKE/TRAIL NAME _____ DURATION _____
LOCATION _____
TERRAIN _____
ELEVATION GAIN/LOSS _____

TRAIL CONDITIONS
_____
_____
_____

WEATHER

GEAR

FOOD/WATER

ONSITE FACILITIES
WATER   YES ◯   NO ◯

PHONE RECEPTION
YES ◯   NO ◯

COMPANIONS

DIFFICULTY ✪ ✪ ✪ ✪ ✪   OVERALL RATING ✪ ✪ ✪ ✪ ✪

NOTES
_____
_____
_____
_____

DATE _____ START TIME _____ END TIME _____
HIKE/TRAIL NAME _____ DURATION _____
LOCATION _____
TERRAIN _____
ELEVATION GAIN/LOSS _____

TRAIL CONDITIONS   WEATHER
_____
_____
_____

GEAR   FOOD/WATER

ONSITE FACILITIES   COMPANIONS
WATER   YES ◯   NO ◯

PHONE RECEPTION
YES ◯   NO ◯

DIFFICULTY ✪ ✪ ✪ ✪ ✪ OVERALL RATING ✪ ✪ ✪ ✪ ✪

NOTES
_____
_____
_____
_____

DATE _____ START TIME _____ END TIME _____
HIKE/TRAIL NAME _____ DURATION _____
LOCATION _____
TERRAIN _____
ELEVATION GAIN/LOSS _____

TRAIL CONDITIONS
_____
_____
_____

WEATHER

GEAR

FOOD/WATER

ONSITE FACILITIES
WATER   YES ○   NO ○

PHONE RECEPTION
YES ○   NO ○

COMPANIONS

DIFFICULTY ☆ ☆ ☆ ☆ ☆   OVERALL RATING ☆ ☆ ☆ ☆ ☆

NOTES
_____
_____
_____
_____

DATE _____ START TIME _____ END TIME _____
HIKE/TRAIL NAME _____ DURATION _____
LOCATION _____
TERRAIN _____
ELEVATION GAIN/LOSS _____

TRAIL CONDITIONS   WEATHER

GEAR   FOOD/WATER

ONSITE FACILITIES   COMPANIONS
WATER   YES ○ NO ○

PHONE RECEPTION
YES ○ NO ○

DIFFICULTY ☆ ☆ ☆ ☆ ☆ OVERALL RATING ☆ ☆ ☆ ☆ ☆

NOTES

DATE _____ START TIME _____ END TIME _____
HIKE/TRAIL NAME _____ DURATION _____
LOCATION _____
TERRAIN _____
ELEVATION GAIN/LOSS _____

TRAIL CONDITIONS

WEATHER

GEAR

FOOD/WATER

ONSITE FACILITIES
WATER   YES ◯   NO ◯

PHONE RECEPTION
YES ◯   NO ◯

COMPANIONS

DIFFICULTY ✪ ✪ ✪ ✪ ✪   OVERALL RATING ✪ ✪ ✪ ✪ ✪

NOTES

DATE _____ START TIME _____ END TIME _____
HIKE/TRAIL NAME _____ DURATION _____
LOCATION _____
TERRAIN _____
ELEVATION GAIN/LOSS _____

TRAIL CONDITIONS

_____
_____
_____

WEATHER

GEAR

FOOD/WATER

ONSITE FACILITIES
WATER   YES ○   NO ○

PHONE RECEPTION
YES ○   NO ○

COMPANIONS

DIFFICULTY ✬ ✬ ✬ ✬ ✬ OVERALL RATING ✬ ✬ ✬ ✬ ✬

NOTES

_____
_____
_____
_____

DATE _____ START TIME _____ END TIME _____
HIKE/TRAIL NAME _____ DURATION _____
LOCATION _____
TERRAIN _____
ELEVATION GAIN/LOSS _____

TRAIL CONDITIONS   WEATHER
_____
_____
_____

GEAR   FOOD/WATER

ONSITE FACILITIES   COMPANIONS
WATER   YES ○ NO ○

PHONE RECEPTION
YES ○ NO ○

DIFFICULTY ✩ ✩ ✩ ✩ OVERALL RATING ✩ ✩ ✩ ✩

NOTES
_____
_____
_____
_____

DATE _____ START TIME _____ END TIME _____
HIKE/TRAIL NAME _____ DURATION _____
LOCATION _____
TERRAIN _____
ELEVATION GAIN/LOSS _____

TRAIL CONDITIONS

WEATHER

GEAR

FOOD/WATER

ONSITE FACILITIES
WATER   YES ○   NO ○

PHONE RECEPTION
YES ○   NO ○

COMPANIONS

DIFFICULTY ☆ ☆ ☆ ☆ ☆ OVERALL RATING ☆ ☆ ☆ ☆ ☆

NOTES

DATE _____ START TIME _____ END TIME _____
HIKE/TRAIL NAME _____ DURATION _____
LOCATION _____
TERRAIN _____
ELEVATION GAIN/LOSS _____

TRAIL CONDITIONS   WEATHER
_____
_____
_____

GEAR   FOOD/WATER

ONSITE FACILITIES   COMPANIONS
WATER   YES ◯   NO ◯

PHONE RECEPTION
YES ◯   NO ◯

DIFFICULTY ✯ ✯ ✯ ✯ ✯ OVERALL RATING ✯ ✯ ✯ ✯ ✯

NOTES
_____
_____
_____
_____

DATE _____	START TIME _____ END TIME _____
HIKE/TRAIL NAME _____	DURATION _____
LOCATION _____	
TERRAIN _____	
ELEVATION GAIN/LOSS _____	

TRAIL CONDITIONS
_____
_____
_____

WEATHER
☀️ ⛅ ☁️ 💨
🌧️ ⛈️ 🌨️

GEAR

FOOD/WATER

ONSITE FACILITIES
WATER   YES ○   NO ○

PHONE RECEPTION
YES ○   NO ○

COMPANIONS

DIFFICULTY ✪ ✪ ✪ ✪ ✪ OVERALL RATING ✪ ✪ ✪ ✪ ✪

NOTES
_____
_____
_____
_____

DATE _____ START TIME _____ END TIME _____
HIKE/TRAIL NAME _____ DURATION _____
LOCATION _____
TERRAIN _____
ELEVATION GAIN/LOSS _____

TRAIL CONDITIONS
_____
_____
_____

WEATHER

GEAR

FOOD/WATER

ONSITE FACILITIES
WATER   YES ○ NO ○

PHONE RECEPTION
YES ○ NO ○

COMPANIONS

DIFFICULTY ☆ ☆ ☆ ☆ ☆ OVERALL RATING ☆ ☆ ☆ ☆ ☆

NOTES
_____
_____
_____
_____

DATE _____ START TIME _____ END TIME _____
HIKE/TRAIL NAME _____ DURATION _____
LOCATION _____
TERRAIN _____
ELEVATION GAIN/LOSS _____

TRAIL CONDITIONS

WEATHER

GEAR

FOOD/WATER

ONSITE FACILITIES
WATER   YES ○   NO ○

COMPANIONS

PHONE RECEPTION
YES ○   NO ○

DIFFICULTY ☆ ☆ ☆ ☆ ☆ OVERALL RATING ☆ ☆ ☆ ☆ ☆

NOTES

DATE _____ START TIME _____ END TIME _____
HIKE/TRAIL NAME _____ DURATION _____
LOCATION _____
TERRAIN _____
ELEVATION GAIN/LOSS _____

TRAIL CONDITIONS

WEATHER

GEAR

FOOD/WATER

ONSITE FACILITIES
WATER   YES ○   NO ○

PHONE RECEPTION
YES ○   NO ○

COMPANIONS

DIFFICULTY ✪ ✪ ✪ ✪ ✪ OVERALL RATING ✪ ✪ ✪ ✪ ✪

NOTES

DATE _____ START TIME _____ END TIME _____
HIKE/TRAIL NAME _____ DURATION _____
LOCATION _____
TERRAIN _____
ELEVATION GAIN/LOSS _____

TRAIL CONDITIONS   WEATHER

GEAR   FOOD/WATER

ONSITE FACILITIES   COMPANIONS
WATER   YES ○   NO ○

PHONE RECEPTION
YES ○   NO ○

DIFFICULTY ✪ ✪ ✪ ✪ ✪ OVERALL RATING ✪ ✪ ✪ ✪ ✪

NOTES

DATE _____ START TIME _____ END TIME _____
HIKE/TRAIL NAME _____ DURATION _____
LOCATION _____
TERRAIN _____
ELEVATION GAIN/LOSS _____

TRAIL CONDITIONS

_____
_____
_____

WEATHER

GEAR

FOOD/WATER

ONSITE FACILITIES
WATER   YES ○   NO ○

PHONE RECEPTION
YES ○   NO ○

COMPANIONS

DIFFICULTY ✪ ✪ ✪ ✪ ✪   OVERALL RATING ✪ ✪ ✪ ✪ ✪

NOTES
_____
_____
_____
_____

DATE _____
HIKE/TRAIL NAME _____
LOCATION _____
TERRAIN _____
ELEVATION GAIN/LOSS _____

START TIME _____ END TIME _____
DURATION _____

TRAIL CONDITIONS

_____
_____
_____

WEATHER

GEAR

FOOD/WATER

ONSITE FACILITIES
WATER   YES ○   NO ○

PHONE RECEPTION
YES ○   NO ○

COMPANIONS

DIFFICULTY ✩ ✩ ✩ ✩ ✩ OVERALL RATING ✩ ✩ ✩ ✩ ✩

NOTES

_____
_____
_____
_____

DATE _____ START TIME _____ END TIME _____
HIKE/TRAIL NAME _____ DURATION _____
LOCATION _____
TERRAIN _____
ELEVATION GAIN/LOSS _____

TRAIL CONDITIONS
_____
_____
_____

WEATHER

GEAR

FOOD/WATER

ONSITE FACILITIES
WATER   YES ○   NO ○

PHONE RECEPTION
YES ○   NO ○

COMPANIONS

DIFFICULTY ☆ ☆ ☆ ☆ ☆ OVERALL RATING ☆ ☆ ☆ ☆ ☆

NOTES
_____
_____
_____
_____
_____

DATE _____
HIKE/TRAIL NAME _____
LOCATION _____
TERRAIN _____
ELEVATION GAIN/LOSS _____

START TIME _____ END TIME _____
DURATION _____

TRAIL CONDITIONS

_____
_____
_____

WEATHER

GEAR

FOOD/WATER

ONSITE FACILITIES
WATER   YES ○   NO ○

PHONE RECEPTION
YES ○   NO ○

COMPANIONS

DIFFICULTY ☆ ☆ ☆ ☆ ☆ OVERALL RATING ☆ ☆ ☆ ☆ ☆

NOTES
_____
_____
_____
_____
_____

DATE _____   START TIME _____ END TIME _____
HIKE/TRAIL NAME _____   DURATION _____
LOCATION _____
TERRAIN _____
ELEVATION GAIN/LOSS _____

TRAIL CONDITIONS

_____
_____
_____

WEATHER

GEAR

FOOD/WATER

ONSITE FACILITIES
WATER   YES ○   NO ○

PHONE RECEPTION
YES ○   NO ○

COMPANIONS

DIFFICULTY ✭ ✭ ✭ ✭ ✭   OVERALL RATING ✭ ✭ ✭ ✭ ✭

NOTES

_____
_____
_____
_____

DATE _____ START TIME _____ END TIME _____
HIKE/TRAIL NAME _____ DURATION _____
LOCATION _____
TERRAIN _____
ELEVATION GAIN/LOSS _____

TRAIL CONDITIONS

WEATHER

GEAR

FOOD/WATER

ONSITE FACILITIES
WATER   YES ○   NO ○

PHONE RECEPTION
YES ○   NO ○

COMPANIONS

DIFFICULTY ✪ ✪ ✪ ✪ ✪   OVERALL RATING ✪ ✪ ✪ ✪ ✪

NOTES

DATE _____ START TIME _____ END TIME _____
HIKE/TRAIL NAME _____ DURATION _____
LOCATION _____
TERRAIN _____
ELEVATION GAIN/LOSS _____

TRAIL CONDITIONS   WEATHER
_____
_____
_____

GEAR   FOOD/WATER

ONSITE FACILITIES   COMPANIONS
WATER   YES ○ NO ○

PHONE RECEPTION
YES ○ NO ○

DIFFICULTY ✩ ✩ ✩ ✩ ✩ OVERALL RATING ✩ ✩ ✩ ✩ ✩

NOTES
_____
_____
_____
_____

DATE _____ START TIME _____ END TIME _____
HIKE/TRAIL NAME _____ DURATION _____
LOCATION _____
TERRAIN _____
ELEVATION GAIN/LOSS _____

TRAIL CONDITIONS   WEATHER
_____
_____
_____

GEAR   FOOD/WATER

ONSITE FACILITIES   COMPANIONS
WATER   YES◯   NO◯

PHONE RECEPTION
YES◯   NO◯

DIFFICULTY ✪ ✪ ✪ ✪ ✪ OVERALL RATING ✪ ✪ ✪ ✪ ✪

NOTES
_____
_____
_____
_____

DATE _____ START TIME _____ END TIME _____
HIKE/TRAIL NAME _____ DURATION _____
LOCATION _____
TERRAIN _____
ELEVATION GAIN/LOSS _____

TRAIL CONDITIONS   WEATHER
_____
_____
_____

GEAR   FOOD/WATER

ONSITE FACILITIES   COMPANIONS
WATER   YES ○ NO ○

PHONE RECEPTION
YES ○ NO ○

DIFFICULTY ✪ ✪ ✪ ✪ ✪ OVERALL RATING ✪ ✪ ✪ ✪ ✪

NOTES
_____
_____
_____
_____

DATE _____
HIKE/TRAIL NAME _____
LOCATION _____
TERRAIN _____
ELEVATION GAIN/LOSS _____

START TIME _____ END TIME _____
DURATION _____

TRAIL CONDITIONS

_____
_____
_____

WEATHER

GEAR

FOOD/WATER

ONSITE FACILITIES
WATER   YES ◯   NO ◯

PHONE RECEPTION
YES ◯   NO ◯

COMPANIONS

DIFFICULTY ✪ ✪ ✪ ✪ ✪   OVERALL RATING ✪ ✪ ✪ ✪ ✪

NOTES

_____
_____
_____
_____

DATE _____ START TIME _____ END TIME _____
HIKE/TRAIL NAME _____ DURATION _____
LOCATION _____
TERRAIN _____
ELEVATION GAIN/LOSS _____

TRAIL CONDITIONS
_____
_____
_____

WEATHER

GEAR

FOOD/WATER

ONSITE FACILITIES
WATER   YES ○   NO ○

PHONE RECEPTION
YES ○   NO ○

COMPANIONS

DIFFICULTY ✮ ✮ ✮ ✮ ✮ OVERALL RATING ✮ ✮ ✮ ✮ ✮

NOTES
_____
_____
_____
_____

DATE _____   START TIME _____ END TIME _____
HIKE/TRAIL NAME _____   DURATION _____
LOCATION _____
TERRAIN _____
ELEVATION GAIN/LOSS _____

TRAIL CONDITIONS   WEATHER

GEAR   FOOD/WATER

ONSITE FACILITIES   COMPANIONS
WATER   YES ○   NO ○

PHONE RECEPTION
YES ○ NO ○

DIFFICULTY ☆ ☆ ☆ ☆ ☆ OVERALL RATING ☆ ☆ ☆ ☆ ☆

NOTES

DATE _____ START TIME _____ END TIME _____
HIKE/TRAIL NAME _____ DURATION _____
LOCATION _____
TERRAIN _____
ELEVATION GAIN/LOSS _____

TRAIL CONDITIONS

_____
_____
_____

WEATHER

GEAR

FOOD/WATER

ONSITE FACILITIES
WATER   YES ○   NO ○

PHONE RECEPTION
YES ○   NO ○

COMPANIONS

DIFFICULTY ✫ ✫ ✫ ✫ ✫ OVERALL RATING ✫ ✫ ✫ ✫ ✫

NOTES
_____
_____
_____
_____

DATE _____ START TIME _____ END TIME _____
HIKE/TRAIL NAME _____ DURATION _____
LOCATION _____
TERRAIN _____
ELEVATION GAIN/LOSS _____

TRAIL CONDITIONS

WEATHER

GEAR

FOOD/WATER

ONSITE FACILITIES
WATER   YES ○   NO ○

COMPANIONS

PHONE RECEPTION
YES ○   NO ○

DIFFICULTY ☆ ☆ ☆ ☆ ☆ OVERALL RATING ☆ ☆ ☆ ☆ ☆

NOTES

DATE _____ START TIME _____ END TIME _____
HIKE/TRAIL NAME _____ DURATION _____
LOCATION _____
TERRAIN _____
ELEVATION GAIN/LOSS _____

TRAIL CONDITIONS
_____
_____
_____

WEATHER

GEAR

FOOD/WATER

ONSITE FACILITIES
WATER   YES ◯   NO ◯

PHONE RECEPTION
YES ◯   NO ◯

COMPANIONS

DIFFICULTY ✪ ✪ ✪ ✪ ✪   OVERALL RATING ✪ ✪ ✪ ✪ ✪

NOTES
_____
_____
_____
_____

DATE _____ START TIME _____ END TIME _____
HIKE/TRAIL NAME _____ DURATION _____
LOCATION _____
TERRAIN _____
ELEVATION GAIN/LOSS _____

TRAIL CONDITIONS

WEATHER

GEAR

FOOD/WATER

ONSITE FACILITIES
WATER   YES ◯   NO ◯

COMPANIONS

PHONE RECEPTION
YES ◯   NO ◯

DIFFICULTY ✪ ✪ ✪ ✪ ✪ OVERALL RATING ✪ ✪ ✪ ✪ ✪

NOTES

DATE _____ START TIME _____ END TIME _____
HIKE/TRAIL NAME _____ DURATION _____
LOCATION _____
TERRAIN _____
ELEVATION GAIN/LOSS _____

TRAIL CONDITIONS
_____
_____
_____

WEATHER

GEAR

FOOD/WATER

ONSITE FACILITIES
WATER   YES ◯   NO ◯

PHONE RECEPTION
YES ◯   NO ◯

COMPANIONS

DIFFICULTY ✩ ✩ ✩ ✩ ✩   OVERALL RATING ✩ ✩ ✩ ✩ ✩

NOTES
_____
_____
_____
_____
_____